Low Carb One Pot Pasta Meals
All-in-one Eintopf Rezepte

Diät Kochbuch
für Mittagessen Abendessen

Gesund abnehmen - Wenig Kohlenhydrate

Ulrike Roth

Bibliografische Information der Deutschen Nationalbibliothek:
Die Deutsche Nationalbibliothek verzeichnet diese Publikation in der Deutschen Nationalbibliografie; detaillierte bibliografische Daten sind im Internet über http://dnb.dnb.de abrufbar.

1. Auflage 2017
Cover-Titelbild: ©[vicushka]/123rf.com
Copyright © 2017 Ulrike Roth
Alle Rechte vorbehalten

Herstellung und Verlag: BoD – Books on Demand, Norderstedt
ISBN 9783743133792

Inhaltsverzeichnis

Vorwort 1
Low Carb Mittagessen Rezepte 2
mit Fleisch/Geflügel/Fisch 2
vegetarisch 13
Low Carb Abendessen Rezepte 20
mit Fleisch/Geflügel/Fisch 20
vegetarisch 36

VORWORT

Abnehmen auf die schnelle Art!

One Pot Gerichte sind genau das Richtige, wenn es in der Küche mal wieder fix gehen muss. Alle Low Carb Zutaten werden in einem einzigen Topf gekocht, das spart Zeit, Geschirr und Kohlenhydrate.

Genießen Sie leckere Gemüsenudeln, herzhafte Fleischgerichte und vegetarische Köstlichkeiten ohne Reue mit höchstens 25 Prozent Kohlenhydraten.

Die Rezepte sind einfach in der Zubereitung und trotzdem abwechslungsreich. Außerdem enthalten sie detaillierte Angaben zu Kalorien und Kohlenhydraten.

Jedes Rezept wurde für eine Person konzipiert, damit der Anteil an Kohlenhydraten pro Portion sofort ersichtlich ist. Die Zutaten können aber je nach Wunsch einfach verdoppelt oder vervierfacht werden.

Hinweis:
Jede Art von Diät sollte vorher mit einem Arzt besprochen werden.

Low Carb Mittagessen Rezepte:

Pastinaken-Pasta mit Hackfleisch

Pro Portion ca.: 14,2 g Kohlenhydrate, 426 kcal

Zutaten für 1 Portion:
1 Pastinake
1/2 Zweig Rosmarin
1/4 Knoblauchzehe
1 Schalotte
100 g Hackfleisch
1 EL Olivenöl
25 g Pizzatomaten, ohne Zuckerzusatz
10 ml Wasser
30 ml Gemüsebrühe
Salz, Pfeffer aus der Mühle
1 EL Parmesankäse, gerieben

Zubereitung:
Die Pastinake putzen, waschen und schälen. Mit einem Spiralschneider, Sparschäler oder Messer in dünne, lange Streifen schneiden.

Den Rosmarin waschen, trocken schütteln, die Nadeln abzupfen und fein hacken.

Knoblauch und Schalotte schälen und fein hacken.

Das Hackfleisch in heißem Öl, bei starker Hitze, krümelig anbraten. Knoblauch, Schalotte und Rosmarin unterrühren.

Pizzatomaten und Pastinakenstreifen zufügen und einige Minuten mitbraten.

Mit etwas Wasser ablöschen und kurz einkochen lassen. Die Brühe angießen und solange köcheln, bis die Pastinakenstreifen weich sind.

Mit Salz und Pfeffer abschmecken und mit Parmesankäse bestreut servieren.

Gurken-Ragout mit Krabben

Pro Portion ca.: 7,6 g Kohlenhydrate, 275 kcal

Zutaten für 1 Portion:
250 g Salatgurken
1/2 Frühlingszwiebel
1 EL Rapsöl
60 ml Gemüsebrühe
35 g Crème fraîche
1 Msp. Johannisbrotkernmehl
50 g Krabben
Salz, weißer Pfeffer aus der Mühle
1 TL Dill, gehackt

Zubereitung:
Die Salatgurken schälen, längs halbieren, mit einem Teelöffel die Kerne herauskratzen und grob würfeln.

Die Frühlingszwiebel waschen, putzen, fein würfeln und in heißem Öl andünsten. Die Gurkenwürfel dazugeben und anbraten.

Gemüsebrühe und Crème fraîche zufügen und ca. 5 Minuten köcheln lassen. Das Johannisbrotkernmehl einrühren.

Krabben unterrühren, aber nicht mehr kochen lassen.

Mit Salz und Pfeffer abschmecken, auf einem Teller anrichten und mit Dill bestreut servieren.

Fruchtiges Hähnchen-Porree

Pro Portion ca.: 12,9 g Kohlenhydrate, 312 kcal

Zutaten für 1 Portion:
150 g Hähnchenbrustfilet
Salz, Pfeffer aus der Mühle
70 g Porree
1/2 Apfel
1/2 rote Chilischote
1 EL Rapsöl
30 ml Gemüsebrühe
1/2 Bio-Orange, Abrieb und Saft
1/4 Bund Basilikum

Zubereitung:
Das Hähnchenbrustfilet waschen, trocken tupfen, in Streifen schneiden und mit Salz und Pfeffer würzen.

Porree putzen, waschen und in feine Ringe schneiden.

Den Apfel waschen, schälen, entkernen und in Würfel schneiden.

Die Chilischote waschen, längs einschneiden, entkernen und in feine Ringe schneiden.

Das Öl in einer Pfanne erhitzen und die Hähnchenbrustfiletstreifen darin gut anbraten.

Porree und Chili dazugeben und ca. 3 Minuten unterrühren.

Gemüsebrühe, Apfelwürfel, Orangenschale und -saft zufügen und mit Salz und Pfeffer würzen.

Bei mittlerer Hitze einkochen, bis die Hälfte der Flüssigkeit verdampft ist.

Basilikum waschen, trocken schütteln, die Blättchen abzupfen, fein hacken und unterrühren.

Rote-Bete-Spaghetti mit Mascarpone-Schinken-Soße

Pro Portion ca.: 14,8 g Kohlenhydrate, 291 kcal

Zutaten für 1 Portion:
1 große Knolle Rote Bete
40 g gekochter Schinken
1 Schalotte
1/2 EL Butter
80 ml Gemüsebrühe
3 EL Mascarpone
Salz, Pfeffer aus der Mühle
1 TL Dill, gehackt

Zubereitung:
Rote Bete waschen, schälen und mit einem Spiralschneider, Sparschäler oder Messer in dünne, lange Streifen schneiden.

Den Schinken in Würfel schneiden.

Die Schalotte schälen, hacken und in heißem Fett andünsten. Rote-Bete-Streifen dazugeben und kurz anbraten. Die Gemüsebrühe angießen und solange köcheln, bis das Gemüse weich aber noch bissfest ist.

Den Mascarpone und die Schinkenwürfel untermischen und mit Salz und Pfeffer abschmecken.

Auf einem Teller anrichten und mit Dill bestreut servieren.

Kohlrabispaghetti alla carbonara

Pro Portion ca.: 14 g Kohlenhydrate, 646 kcal

Zutaten für 1 Portion:
1/4 Bund Petersilie
1 Kohlrabi
1/2 Knoblauchzehe
1/2 Schalotte
40 g Speckwürfel
2,5 EL Butter
300 ml Gemüsebrühe
25 g Pecorino, gerieben
1 frisches Ei + 1 Eigelb
Salz, Pfeffer aus der Mühle

Zubereitung:
Die Petersilie waschen, trocken schütteln und hacken.

Kohlrabi waschen, schälen und mit einem Spiralschneider, Sparschäler oder Messer in dünne, lange Streifen schneiden.

Knoblauch und Schalotte schälen und fein würfeln.

Die Speckwürfel mit den Schalotten- und Knoblauchwürfeln in einem Topf mit 1/2 EL Butter anbraten. Kohlrabistreifen dazugeben, die Gemüsebrühe angießen und solange garen, bis das Gemüse weich aber noch bissfest ist.

20 g Pecorino, verquirltes Ei und Eigelb, restliche Butter und Gewürze dazugeben und cremig verrühren.

Auf einem Teller anrichten und mit Petersilie und dem restlichen Pecorino bestreut servieren.

Rustikale Mangold-Eier mit Speck

Pro Portion ca.: 6 g Kohlenhydrate, 418 kcal

Zutaten für 1 Portion:
1 Schalotte
1 Knoblauchzehe
30 g Speck
250 g Mangold
1 EL Butter
1 EL Petersilie, gehackt
Salz, Pfeffer aus der Mühle
2 Eier
Muskatnuss, gerieben
1 EL Parmesankäse, gerieben

Zubereitung:
Die Schalotte und den Knoblauch schälen und fein hacken.

Den Speck klein würfeln.

Mangold putzen, waschen, die Mangoldblätter hacken und die Stiele in Streifen schneiden.

Butter in einer Pfanne erhitzen, Schalotte, Knoblauch und Speckwürfel darin bei mittlerer Hitze anbraten.

Die Mangoldstiele zugeben und ca. 5 Minuten mitbraten.

Die Mangoldblätter dazugeben und dünsten, bis sie zusammenfallen. Petersilie untermischen und mit Salz und Pfeffer abschmecken.

Die Eier in zwei Mulden hineinschlagen und die Eiermasse stocken lassen. Mit Muskat würzen.

Auf einem Teller anrichten und mit Parmesankäse bestreut servieren.

Paprikageschnetzeltes mit Spitzkohl

Pro Portion ca.: 10,7 g Kohlenhydrate, 412 kcal

Zutaten für 1 Portion:
150 g Spitzkohl
1 Stiel Basilikum
1 Schalotte
1/2 Paprikaschote, rot
200 g Schweineschnitzel
1 EL Rapsöl
60 ml Gemüsebrühe
Salz, Pfeffer aus der Mühle
1/2 EL Paprikapulver, edelsüß
2 EL Pizzatomaten, ohne Zuckerzusatz
1 EL Schmand

Zubereitung:
Den Spitzkohl putzen, waschen, abtropfen lassen und in Streifen schneiden.

Basilikum waschen, trocken schütteln, von den Stielen zupfen und grob hacken.

Die Schalotte schälen und fein hacken. Paprikaschote waschen, putzen und in grobe Würfel schneiden.

Das Fleisch waschen, trocken tupfen und in feine Streifen schneiden.

Rapsöl in einem Topf erhitzen und die Schalotte darin andünsten.

Das Fleisch portionsweise dazugeben und anbraten.

Den Spitzkohl und die Paprikawürfel untermischen und kurz mitbraten.

Mit der Gemüsebrühe ablöschen und mit Salz, Pfeffer und Paprikapulver würzen.

Die Pizzatomaten unterrühren und zugedeckt ca. 15 Minuten köcheln lassen.

Schmand einrühren, auf einem Teller anrichten und mit Basilikum bestreut servieren.

Orientalische Kürbissuppe

Pro Portion ca.: 25,6 g Kohlenhydrate, 283 kcal

Zutaten für 1 Portion:
150 g Hokkaidokürbis
2 Stängel Minze
1/2 Paprikaschote, rot
200 ml Gemüsebrühe
25 g Sahne
25 ml Kokosmilch, ohne Zuckerzusatz
1 Prise Knoblauchsalz
1/4 TL Zimtpulver
Mark von 1/4 Vanilleschote
1 Prise Chilipulver
Salz
1 EL Crème fraîche

Zubereitung:
Kürbis waschen, vierteln, entkernen und in Würfel schneiden.

Minzeblätter waschen, von den Stielen zupfen und grob hacken.

Die Paprikaschote waschen, entkernen, häuten, in Würfel schneiden und zusammen mit den Kürbiswürfeln in der Gemüsebrühe ca. 15 Minuten weich dünsten.

Sahne, Kokosmilch, Knoblauchsalz, Zimtpulver, Mark der Vanilleschote, Chilipulver dazugeben und mit einem Stabmixer pürieren.

Die Suppe mit Salz abschmecken, in einen tiefen Teller füllen, mit Minze bestreuen und mit einer Crème fraîche-Haube anrichten.

Blumenkohl-Topinambur-Curry

Pro Portion ca.: 21 g Kohlenhydrate, 539 kcal

Zutaten für 1 Portion:
1 Schalotte
180 g Blumenkohl
180 g Topinambur
1/2 Chilischote, rot
1 Stiel Koriander
1 EL Rapsöl
1/2 TL Kurkuma, gemahlen
1/2 TL Knoblauchpulver
2 TL Currypulver
Salz, weißer Pfeffer aus der Mühle
80 ml Kokosmilch, ohne Zuckerzusatz
100 ml Gemüsebrühe
1 EL Limettensaft

Zubereitung:
Die Schalotte schälen und fein hacken.

Den Blumenkohl putzen, in kleine Röschen teilen und waschen.

Den Topinambur waschen, schälen und in Würfel schneiden.

Die Chilischote waschen, längs einschneiden, entkernen und fein hacken.

Koriander waschen, trocken schütteln, die Blättchen abzupfen und hacken.

Das Öl in einem Topf erhitzen und die Schalotte, Chili und Kurkuma 2 Minuten anbraten. Blumenkohl, Topinamburwürfel,

Knoblauchpulver, Currypulver, Salz und Pfeffer dazugeben und untermischen.

Mit der Kokosmilch und Gemüsebrühe ablöschen, aufkochen und bei milder Hitze zugedeckt ca. 15 - 20 Minuten garen, bis das Gemüse weich ist.

Mit Salz, Pfeffer und Limettensaft abschmecken und mit Koriander bestreut servieren.

Karottennudeln mit Pilz-Knoblauchsoße

Pro Portion ca.: 15 g Kohlenhydrate, 418 kcal

Zutaten für 1 Portion:
1/4 Bund Petersilie
3 Karotten
100 g Champignons
1 Knoblauchzehe
1 EL Butter
Salz, Pfeffer aus der Mühle
80 ml Sahne
1 EL Crème fraîche

Zubereitung:
Die Petersilie waschen, trocken schütteln und hacken.

Die Karotten putzen, waschen und mit einem Spiralschneider, Sparschäler oder Messer der Länge nach in dünne Streifen schneiden.

Die Champignons putzen und in Scheiben schneiden. Knoblauch schälen und fein hacken.

Knoblauch in heißem Fett andünsten, Champignons dazugeben und kurz mitbraten. Mit etwas Wasser ablöschen.

Die Karottenstreifen unter Rühren dazugeben. Mit Salz und Pfeffer würzen, Sahne dazugießen und ca. 4 Minuten köcheln lassen.

Crème fraîche unterrühren und ca. 8 - 10 Minuten bei niedriger Hitze einkochen.

Auf einem Teller anrichten und mit der Petersilie bestreut servieren.

Rahm-Pfifferlinge mit Lauch

Pro Portion ca.: 3,4 g Kohlenhydrate, 267 kcal

Zutaten für 1 Portion:
1/4 Bund Schnittlauch
100 g Pfifferlinge
30 g Lauch
1/2 Schalotte
1 EL Butter
50 ml Gemüsebrühe
40 g Schmand
1 EL Butter, kalt
Salz, Pfeffer aus der Mühle
1 Spritzer Zitronensaft

Zubereitung:
Schnittlauch waschen, trocken schütteln und in Röllchen schneiden.

Pfifferlinge putzen, Lauch waschen, putzen und in schmale Ringe schneiden. Die Schalotte schälen und fein würfeln.

Butter in einem Topf erhitzen und die Schalottenwürfel darin andünsten. Pfifferlinge und Lauch zufügen und mitdünsten.

Gemüsebrühe und Schmand dazugeben und köcheln lassen. Butter portionsweise unterrühren.

Mit Salz, Pfeffer und Zitronensaft abschmecken.

Auf einem Teller anrichten und mit Schnittlauch bestreut servieren.

Petersilienwurzel-Curry mit Kokossoße

Pro Portion ca.: 21 g Kohlenhydrate, 462 kcal

Zutaten für 1 Portion:
150 g Petersilienwurzel
30 g Möhren
1/2 Frühlingszwiebel
100 g Brokkoli
1/2 Knoblauchzehe
1 EL Öl
140 ml Kokosmilch, ohne Zuckerzusatz
1 TL Limettensaft
Salz, Cayennepfeffer
1 Prise Chilipulver
2 TL Curry
1 Stiel Koriander

Zubereitung:
Petersilienwurzeln und Möhren waschen, schälen und in grobe Würfel schneiden.

Die Frühlingszwiebel waschen, putzen und in mundgerechte Stücke schneiden.

Den Brokkoli waschen, in Röschen teilen und in mundgerechte Stücke schneiden.

Die Knoblauchzehe schälen, fein würfeln und in heißem Öl andünsten. Das Gemüse dazugeben und mitdünsten. Die Kokosmilch und Limettensaft angießen und mit Salz, Cayennepfeffer, Chilipulver und Curry abschmecken.

Zugedeckt bei schwacher Hitze ca. 15 Minuten garen.

Koriander waschen, trocken schütteln, die feinen Blättchen abzupfen und hacken.

Petersilienwurzel-Curry auf einem Teller anrichten und mit Koriander bestreut servieren.

Low Carb Abendessen Rezepte:

Feuriger Fenchel-Topf mit Geflügelwurst

Pro Portion ca.: 5,8 g Kohlenhydrate, 237 kcal

Zutaten für 1 Portion:
150 g Fenchel
1/2 Schalotte
1/3 Peperoni, rot
1 EL Olivenöl
220 ml Gemüsebrühe
1/2 TL Abrieb einer Bio-Orange
1 EL Emmentaler, gerieben
1,5 EL Sahne
Salz, Cayennepfeffer
1 Prise Chilipulver
1 Geflügelwürstchen

Zubereitung:
Den Fenchel waschen, putzen, den Strunk entfernen und grob reiben.

Das Fenchelgrün hacken und beiseitelegen.

Die Schalotte schälen und fein würfeln.

Die Peperoni längs halbieren, entkernen, waschen und in Röllchen schneiden.

Das Öl in einem Topf erhitzen. Die Schalottenwürfel und die Peperoni darin andünsten. Den Fenchel dazugeben und kurz anbraten.

Die Gemüsebrühe dazugeben und ca. 20 Minuten garen.

Orangenschale, Käse und Sahne unterrühren und mit Salz, Cayennepfeffer und Chilipulver abschmecken.

Die Geflügelwürstchen in Scheiben schneiden, unterrühren und kurz aufkochen.

Auf einem Teller anrichten und mit Fenchelgrün bestreut servieren.

Irish Stew mit Rindfleisch

Pro Portion ca.: 14,5 g Kohlenhydrate, 298 kcal

Zutaten für 1 Portion:
1/2 Zwiebel
1/2 EL Rapsöl
125 g Rindergulasch
1/2 EL Tomatenmark, ohne Zuckerzusatz
80 ml Brühe
1/2 Zweig Thymian
150 g Topinambur
75 g Möhren
Salz, Pfeffer aus der Mühle
1/4 Bund Petersilie
1 TL Crème fraîche

Zubereitung:
Die Zwiebel schälen, fein würfeln und in heißem Öl andünsten.

Das Fleisch und Tomatenmark dazugeben und kurz anbraten. Die Brühe angießen, Thymianzweig dazugeben und zugedeckt ca. 90 Minuten bei mittlerer Hitze köcheln lassen.

Topinambur und Möhren waschen, schälen, in Scheiben schneiden, dazugeben und ca. 25 Minuten garen.

Mit Salz und Pfeffer abschmecken.

Petersilie waschen, trocken schütteln, die Blätter abzupfen und fein hacken.

Auf einem Teller anrichten und mit Petersilie bestreut und Crème fraîche garniert servieren.

Buntes Gemüse-Pfännchen mit Cabanossi

Pro Portion ca.: 15,5 g Kohlenhydrate, 847 kcal

Zutaten für 1 Portion:
1 Möhre
1 Zucchini
1 Tomate
100 g Cabanossi
1 EL Olivenöl
Salz, Pfeffer aus der Mühle
2 Eier
1/4 Bund Bärlauch

Zubereitung:
Die Möhre waschen, schälen und fein raspeln. Die Zucchini waschen, putzen und grob würfeln. Die Tomate häuten, entkernen und in Stücke schneiden.

Cabanossi in mundgerechte Stücke schneiden und in heißem Öl anbraten.

Das Gemüse untermischen und ein paar Minuten anbraten. Mit Salz und Pfeffer abschmecken.

Die Eier zufügen und unter Rühren garen, bis die Masse zu stocken beginnt und das Gemüse weich ist.

Bärlauch waschen, trocken schütteln, fein hacken, darüberstreuen und sofort servieren.

Bauerntopf mit Sellerie und Paprikasalami

Pro Portion ca.: 18,5 g Kohlenhydrate, 553 kcal

Zutaten für 1 Portion:
220 g Sellerieknolle
100 g Topinambur
1 Möhre
1/4 Bund Petersilie
1/2 Knoblauchzehe
1/2 Zwiebel
1 EL Olivenöl
2 TL Tomatenmark, ohne Zuckerzusatz
450 ml Gemüsebrühe
Salz, Pfeffer aus der Mühle
1 Prise Thymian
1/4 TL Majoran
100 g Paprikasalami
1 EL Schmand

Zubereitung:
Sellerieknolle und Topinambur waschen, schälen und in Würfel schneiden. Die Möhre waschen, schälen und in Scheiben schneiden.

Petersilie waschen, trocken schütteln, die Blätter abzupfen und fein hacken.

Knoblauchzehe und Zwiebel schälen, fein hacken und in heißem Öl andünsten. Tomatenmark unterrühren, die Gemüsebrühe dazugeben und aufkochen lassen.

Das Gemüse und die Gewürze dazugeben und zugedeckt ca. 20 Minuten köcheln lassen.

Paprikasalami in mundgerechte Stücke schneiden, unterrühren und noch einmal kurz köcheln lassen.

Auf einem Teller anrichten und mit Petersilie bestreut und mit Schmand garniert servieren.

Mairübchen-Topf mit Putenwürfel und Butternusskürbis

Pro Portion ca.: 23,5 g Kohlenhydrate, 375 kcal

Zutaten für 1 Portion:
150 g Putenbrustfilet
1/2 Frühlingszwiebel
1 EL Olivenöl
1/2 Knoblauchzehe
140 g Mairübchen
70 g Butternusskürbis
40 g Möhren
50 g Pastinaken
Salz, Pfeffer aus der Mühle
250 ml Gemüsebrühe
2 TL Kerbel, gehackt

Zubereitung:
Das Putenbrustfilet abspülen, trocken tupfen und in Würfel schneiden.

Die Frühlingszwiebel waschen, putzen, fein würfeln und in heißem Öl andünsten.

Die Knoblauchzehe schälen, fein hacken und dazugeben. Das Fleisch ein paar Minuten unter Rühren mitbraten.

Die Mairübchen putzen, waschen, schälen, halbieren und in Scheiben schneiden.

Den Kürbis schälen, entkernen und klein würfeln. Die Möhren und Pastinaken putzen, waschen, schälen und in Scheiben schneiden.

Mairübchen, Kürbis, Möhren, Pastinaken und Gewürze zum Fleisch dazugeben und ca. 1 Minute unter Rühren mitbraten.

Die Brühe angießen und ca. 20 Minuten bei mittlerer Hitze zugedeckt garen.

Auf einem Teller anrichten und mit Kerbel bestreut servieren.

Wirsingtopf mit Butterkäse und Debrecziner

Pro Portion ca.: 14,7 g Kohlenhydrate, 599 kcal

Zutaten für 1 Portion:
200 g Wirsing
1 Paprikaschote, rot
1 Debrecziner
1/2 Knoblauchzehe
1 Schalotte
1 EL Olivenöl
150 ml Gemüsebrühe
1/2 EL Sahnemeerrettich
Salz, Pfeffer aus der Mühle
1 Prise Muskatnuss, frisch gerieben
1 Prise mildes Chilipulver
15 g Butterkäse
2 TL Petersilie, gehackt

Zubereitung:
Den Wirsing putzen, waschen, den Strunk entfernen und klein schneiden. Die Paprikaschote putzen, waschen und in Streifen schneiden.

Die Debrecziner in Scheiben schneiden.

Die Knoblauchzehe und die Schalotte schälen, fein hacken und in heißem Öl andünsten.

Den Wirsing und die Paprikastreifen ein paar Minuten mitdünsten und die Brühe angießen.

Sahnemeerrettich unterrühren, mit den Gewürzen abschmecken und ca. 7 Minuten kochen lassen.

Den Butterkäse reiben und unterrühren.

Auf einem Teller anrichten und mit Petersilie bestreut servieren.

Kasseler mit Apfel-Weißkraut und Meerrettich

Pro Portion ca.: 25,2 g Kohlenhydrate, 348 kcal

Zutaten für 1 Portion:
200 g Weißkohl
125 g Kasselerkotelett
1/2 Möhre
1/2 Apfel
50 g Topinambur
1/2 Schalotte
1/2 EL Rapsöl
1/4 TL Kümmel
Salz, Pfeffer aus der Mühle
100 ml Gemüsebrühe
1/2 EL Sahnemeerrettich

Zubereitung:
Den Weißkohl putzen, die äußeren Blätter und den Strunk entfernen, den Kohl in feine Streifen schneiden, waschen und abtropfen lassen.

Kasseler waschen, trocken tupfen und in Würfel schneiden.

Die Möhre putzen, waschen, schälen und in Scheiben schneiden.

Den Apfel waschen, schälen, entkernen und in kleine Stifte schneiden.

Topinambur waschen, schälen und in Würfel schneiden.

Die Schalotte schälen, fein hacken und in heißem Öl andünsten. Fleischwürfel dazugeben, mit Kümmel würzen und ein paar Minuten unter Rühren anbraten.

Möhrenscheiben, Apfelstifte und Weißkohlstreifen zufügen und ca. 8 Minuten mitbraten.

Mit Salz und Pfeffer würzen, die Brühe angießen und ca. 12 Minuten köcheln lassen.

Auf einem Teller anrichten, mit Sahnemeerrettich verfeinern und servieren.

Mediterraner Fischtopf mit Feta und Oliven

Pro Portion ca.: 8,6 g Kohlenhydrate, 316 kcal

Zutaten für 1 Portion:
1/2 Knoblauchzehe
1/2 Schalotte
1/2 EL Olivenöl
50 g Zucchini
40 g Möhre
80 g Pizzatomaten, ohne Zuckerzusatz
170 ml Gemüsebrühe
1/2 TL Rosmarin
Salz, Pfeffer aus der Mühle
160 g Fischfilet (z. B. Steinbeißerfilet, Seeteufelfilet)
25 g Feta
1/4 Bund Basilikum
25 g entsteinte Oliven

Zubereitung:
Die Knoblauchzehe und die Schalotte schälen, fein hacken und in heißem Öl andünsten.

Die Zucchini waschen, putzen und in Stücke schneiden.

Die Möhre putzen, waschen, schälen und in Scheiben schneiden.

Möhrenscheiben und Zucchinistücke in den Topf geben und unter Rühren ein paar Minuten dünsten.

Pizzatomaten und Gemüsebrühe dazugeben. Mit Rosmarin, Salz und Pfeffer abschmecken, einmal kurz aufkochen, dann bei geringer Hitze ca. 15 Minuten köcheln lassen.

Fischfilet in mundgerechte Stücke schneiden und dazugeben. Den gewürfelten Feta darüberstreuen und ca. 10 Minuten köcheln lassen.

Basilikum waschen, trocken schütteln, die Blätter abzupfen, fein hacken (2 TL beiseitelegen) und die Oliven in Ringe schneiden.

Basilikum und Oliven zum Fisch geben und unterrühren, auf einem Teller anrichten und mit dem restlichen Basilikum bestreut servieren.

Huhn in Schoko-Chili-Soße

Pro Portion ca.: 11,3 g Kohlenhydrate, 297 kcal

Zutaten für 1 Portion:
150 g Hähnchenbrustfilet
Salz, Cayennepfeffer
1/4 Bund Petersilie
1/2 kleine Chilischote, rot
1/2 Knoblauchzehe
1/2 Schalotte
1/2 EL Rapsöl
1 Prise Anis
1 Prise Zimt
80 ml Hühnerbrühe
200 g Pizzatomaten, ohne Zuckerzusatz
8 g Edelbitter-Schokolade (80 %)

Zubereitung:
Das Hähnchenbrustfilet waschen, trocken tupfen, in mundgerechte Stücke schneiden und mit Salz und Pfeffer würzen.

Die Petersilie waschen, trocken schütteln und hacken.

Die Chilischote waschen, längs einschneiden, entkernen und in feine Ringe schneiden.

Die Knoblauchzehe und die Schalotte schälen, fein hacken und in heißem Öl andünsten. Chili unterrühren und mit Anis, Zimt, Salz und Pfeffer abschmecken.

Die Hühnerbrühe angießen, die Pizzatomaten zufügen und unter Rühren ca. 10 Minuten köcheln lassen.

Die grob zerkleinerte Schokolade dazugeben und unter ständigem Rühren bei milder Hitze auflösen.

Das Fleisch unterrühren und ca. 8 Minuten weich garen.

Auf einem Teller anrichten und mit Petersilie bestreut servieren.

Zoodles Tricolore

Pro Portion ca.: 8,6 g Kohlenhydrate, 277 kcal

Zutaten für 1 Portion:
1 Zucchini
1/2 Knoblauchzehe
1 Schalotte
2 Stängel Basilikum
40 g Mozzarella
1 EL Olivenöl
25 g Pizzatomaten, ohne Zuckerzusatz
Salz, Pfeffer aus der Mühle
1 Prise Oregano

Zubereitung:
Die Zucchini waschen, die Enden entfernen und mit einem Spiralschneider, Sparschäler oder Messer der Länge nach in dünne Streifen schneiden.

Die Knoblauchzehe und die Schalotte schälen und fein hacken. Basilikum waschen, trocken schütteln, die Blättchen abzupfen und in Streifen schneiden. (1 TL beiseitelegen) Mozzarella in Würfel schneiden.

Das Öl in einem Topf erhitzen und die Schalotten und den Knoblauch andünsten. Die Pizzatomaten und Zucchinistreifen unterrühren. Etwas Wasser zufügen und garen, bis das Gemüse weich, aber noch bissfest ist. Mit Salz, Pfeffer und Oregano abschmecken.

Den Topf von der Kochstelle nehmen, Mozzarella und Basilikum dazugeben und vorsichtig unterrühren.

Auf einem Teller anrichten und mit dem restlichen Basilikum bestreut servieren.

Gurkenspaghetti in Senf-Kapern-Soße

Pro Portion ca.: 11,3 g Kohlenhydrate, 388 kcal

Zutaten für 1 Portion:
1 Salatgurke
2 Zweige Dill
1 Frühlingszwiebel
1 EL Öl
100 ml Gemüsebrühe
40 ml Schlagsahne
4 EL Crème fraîche
1 EL Kapern (aus dem Glas)
1 EL Senf, ohne Zuckerzusatz
Salz, Pfeffer aus der Mühle

Zubereitung:
Die Salatgurke waschen, schälen und mit einem Spiralschneider zu Spaghetti verarbeiten.(Oder die Salatgurke längs halbieren, entkernen und mit einem Sparschäler oder Messer längs in dünne Streifen schneiden.)

Den Dill waschen, trocken schütteln und fein hacken. (1 TL beiseitelegen)

Die Frühlingszwiebel waschen, putzen, fein würfeln und in heißem Öl andünsten.

Die Gemüsebrühe angießen und etwas einkochen lassen.

Schlagsahne, Crème fraîche, Kapern und Senf unterrühren. Mit Salz und Pfeffer abschmecken.

Den Topf vom Herd nehmen und die Gurkenspaghetti kurz unterrühren.

Auf einem Teller anrichten und mit dem restlichen Dill bestreut servieren.

Veganer Tofu-Gemüsetopf mit Mango

Pro Portion ca.: 23,4 g Kohlenhydrate, 626 kcal

Zutaten für 1 Portion:
100 g Chinakohl
1 Möhre
1/2 kleine Mango
1/2 Schalotte
1 EL Öl
5 g Ingwer
2 TL Tomatenmark, ohne Zuckerzusatz
1 TL mildes Currypulver
200 ml Kokosmilch, ohne Zuckerzusatz
Salz, Pfeffer aus der Mühle
50 g Tofu
1 Stängel Minze, gehackt

Zubereitung:
Chinakohl putzen, waschen und in schmale Streifen schneiden.

Die Möhre putzen, waschen, schälen und in Scheiben schneiden.

Die Mango schälen und in Würfel schneiden.

Die Schalotte schälen, fein hacken und in heißem Öl andünsten.

Den Ingwer in feine Scheiben schneiden und dazugeben.

Tomatenmark und Currypulver unterrühren. Restliches Gemüse dazugeben und kurz mitbraten. Mit der Kokosmilch ablöschen und ca. 7 Minuten köcheln lassen.

Mit Salz und Pfeffer abschmecken.

Den gewürfelten Tofu dazugeben und kurz einkochen lassen.

Die Mangowürfel unterheben, ca. 1 Minute köcheln lassen, auf einem Teller anrichten und mit Minze bestreut servieren.

Butterrüben-Spaghetti mit Gorgonzola-Mandelsoße

Pro Portion ca.: 7,8 g Kohlenhydrate, 417 kcal

Zutaten für 1 Portion:
1/4 Bund Petersilie
1 mittelgroße Butterrübe
1 EL Olivenöl
30 ml Gemüsebrühe
50 ml Schlagsahne
Salz, Pfeffer aus der Mühle
10 g Mandeln, gemahlen
25 g Gorgonzola

Zubereitung:
Die Petersilie waschen, trocken schütteln und hacken.

Die Butterrübe putzen, waschen, schälen und mit einem Spiralschneider, Sparschäler oder Messer in dünne Streifen schneiden.

Die Gemüsestreifen in Olivenöl andünsten und mit der Gemüsebrühe ablöschen.

Sahne, Gewürze und Mandeln unterrühren und unter Rühren köcheln, bis die Butterrüben-Spaghetti weich aber noch bissfest sind.

Gorgonzola einrühren, bis er geschmolzen ist.

Auf einem Teller anrichten und mit Petersilie bestreut servieren.

Disclaimer
Die Inhalte dieses Buches wurden mit größter Sorgfalt erstellt. Eine Haftung für Personen-, Sach- und Vermögensschäden ist ausgeschlossen. Für die Richtigkeit, Vollständigkeit und Aktualität der Inhalte können wir jedoch keine Gewähr übernehmen. Dieses Buch enthält Links zu externen Webseiten Dritter, auf deren Inhalte wir keinen Einfluss haben. Deshalb können wir für diese fremden Inhalte auch keine Gewähr übernehmen. Für die Inhalte der verlinkten Seiten ist stets der jeweilige Anbieter oder Betreiber der Seiten verantwortlich. Die verlinkten Seiten wurden zum Zeitpunkt der Verlinkung auf mögliche Rechtsverstöße überprüft. Rechtswidrige Inhalte waren zum Zeitpunkt der Verlinkung nicht erkennbar. Eine permanente inhaltliche Kontrolle der verlinkten Seiten ist jedoch ohne konkrete Anhaltspunkte einer Rechtsverletzung nicht zumutbar. Bei Bekanntwerden von Rechtsverletzungen werden wir derartige Links umgehend entfernen.

Urheberrecht/Leistungsschutzrecht
Die veröffentlichten Inhalte, Werke und bereitgestellten Informationen unterliegen dem deutschen Urheberrecht und Leistungsschutzrecht. Jede Art der Vervielfältigung, Bearbeitung, Verbreitung, Einspeicherung und jede Art der Verwertung außerhalb der Grenzen des Urheberrechts bedarf der vorherigen schriftlichen Zustimmung des jeweiligen Rechteinhabers. Das unerlaubte Kopieren/Speichern der bereitgestellten Informationen auf diesen Seiten ist nicht gestattet und strafbar.